J'apprends
à lir
avec les Grands C

Disney

Lilo et Stitch

Isabelle Albertin

hachette
ÉDUCATION

Avec les Grands Classiques Disney, lire est un plaisir !

Avant de lire l'histoire

- Parlez ensemble du titre et de l'illustration en couverture, afin de préparer la compréhension globale de l'histoire.
- Vous pouvez, dans un premier temps, lire l'histoire en entier à votre enfant, pour qu'ensuite il la lise seul.
- Si besoin, proposez les activités de préparation à la lecture aux pages 4 et 5. Elles permettront de déchiffrer les mots les plus difficiles.

Après avoir lu l'histoire

- Parlez ensemble de l'histoire en posant les questions de la page 30 : « As-tu bien compris l'histoire ? »
- Vous pouvez aussi parler ensemble de ses réactions, de son avis, en vous appuyant sur les questions de la page 31 : « Et toi, qu'en penses-tu ? »

Bonne lecture !

Couverture : Sylvie Fécamp
Maquette intérieure : Mélissa Chalot
Mise en pages : Anne Jan
Édition : Emmanuelle Saint

ISBN : 978-2-01-715586-7

Achevé d´imprimer en novembre 2023 en Espagne par Grafo
Dépôt légal : Septembre 2021 - Édition 04 - 37/9342/5

Les personnages de l'histoire

Pour préparer la lecture

1 Montre le dessin quand tu entends le son (gn) comme dans montagne.

2 Montre le dessin quand tu entends le son (gue) comme dans gâteau.

3 Lis ces syllabes.

tu mon dan oin pui cor

gé qui sou reu oi phe

4 Lis ces mots-outils.

et · avec · les · un · elle

des · est · c'est · cette

5 Lis les mots de l'histoire.

un monstre

la présidente

un ami

une fusée

une bêtise

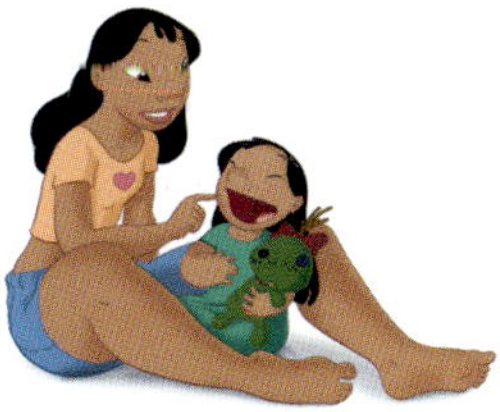

une sœur

Très loin dans l'univers,

, un savant fou,

Jumba

a créé un petit monstre.

de la planète

La présidente

considère cette créature

comme dangereuse ;

elle décide de la chasser.

Mais le petit monstre

s'enfuit à bord d'une fusée

et atterrit sur une île.

Immédiatement,

il est attrapé puis enfermé

dans un refuge. Depuis

l'espace, la présidente

envoie Jumba et  Pikly

pour le récupérer.

Sur cette île,  ,
Lilo

une petite orpheline, vit

avec  , sa sœur aînée.
Nani

Lilo adore nager et danser.

Mais elle est très turbulente

et n'a pas d'amis. Elle se

dispute souvent avec Nani.

Un jour arrive  Cobra,

un éducateur chargé

de vérifier si Nani prend

correctement soin de

sa sœur.

Cobra se demande si Lilo

ne devrait pas vivre

dans une nouvelle maison.

Les journées sont longues

pour Lilo qui n’a pas

d’amis.

Alors, Nani l’emmène

dans un refuge pour

adopter un animal

de compagnie. Lilo choisit

une petite créature bleue

et la nomme  Stitch .

Stitch ne fait que

des bêtises et détruit tout

ce qui l'entoure. Nani veut

le ramener à son refuge.

Lilo n'est pas d'accord
et cherche à comprendre
pourquoi Stitch se conduit
si mal.

Lilo pense que, parfois,

Stitch se sent seul.

Elle le rassure :

– Sur notre île, « Ohana »

signifie que personne

ne doit être abandonné.

Stitch regrette d'avoir fait

tant de bêtises, alors que

Lilo l'aime.

Tout à coup, Jumba et Pikly tentent d'attaquer la maison pour récupérer Stitch. Affolée, Lilo appelle Cobra à son secours. Cobra comprend que Lilo est en danger. Il décide de l'emmener à l'orphelinat pour sa sécurité. Mais Lilo s'enfuit...

Lilo et Stitch se réfugient dans la forêt. Lilo découvre avec surprise que Stitch n'est pas un animal ordinaire.

Brusquement, ils sont

capturés par le terrible

Gantu

, serviteur de

la présidente, qui est venu

récupérer Stitch.

Rusé, Stitch s'échappe
à temps, mais Lilo
est enlevée par Gantu.
Nani assiste à la scène
et crie :
– Aidez-moi à délivrer
ma sœur !
Émus, Jumba, Pikly et
Stitch s'unissent pour
secourir Lilo.

Après une course-poursuite dans le ciel, ils rattrapent la fusée de Gantu.

Stitch se jette dessus, casse une vitre, et libère Lilo. Hourra ! Ils ont réussi !

C'est l'heure de rentrer…

Sur l'île, la présidente
les attend pour ramener
Stitch avec elle.
Lilo se fâche :
– Non ! C'est mon ami ;
il va vivre avec nous
pour toujours !
La présidente le permet.
Lilo est ravie. Et Stitch
a gagné une amie.

As-tu bien compris l'histoire ?

1 **Pourquoi la présidente décide-t-elle de chasser Stitch ?**

2 **Avec qui vit Lilo ?**

3 **Pourquoi Nani emmène-t-elle Lilo dans un refuge ?**

4 **Comment se comporte Stitch ?**

5 **Que décide la présidente à la fin de l'histoire ?**

Et toi, qu'en penses-tu ?

Si tu devais créer un extraterrestre, à quoi ressemblerait-il ?

Te disputes-tu parfois avec ta famille ?

À ton avis, Stitch est-il enfin heureux à la fin de l'histoire ? Pourquoi ?

Aimerais-tu voler dans une navette spatiale ?

As-tu ou aimerais-tu avoir un animal de compagnie ?

D'après toi, peut-on devenir méchant quand on est malheureux ?

Dans la même collection :

Niveau 1

Début de CP

Niveau 2

Milieu de CP

Niveau 3

Fin de CP

hachette
ÉDUCATION